Nome: Maria Eduarda Pimenta Oliveira Jimenez

Apelidos: Duda, Pretinha, Dudinha, Duds, Du

Data de nascimento: 22/06/2006

Altura: 1,56m **Peso:** 49 kg

Profissão: Atriz, cantora, dançarina e influencer

Signo: Câncer **Ascendente:** Peixes

Meu orixá: Oxum **Cor favorita:** Azul

Time: Corinthians **Escola de samba:** Vai-Vai e Beija-Flor

PLAYLIST DUDA PIMENTA

O que eu mais gosto em mim: Meus olhos

Defeito: Sou muito bagunceira

Qualidade: Sou toda família

Tô on-line para:
Fazer amigas, buscar os meus sonhos e saber tudo sobre a Coreia

Tô off-line para:
Qualquer tipo de preconceito

Amo comer:
Estrogonofe e macarrão da vó Elza

Não como de jeito nenhum:
Cachorro-quente

Animal de estimação:
Tina Turner e Will Smith

Meu lugar favorito no mundo:
Coreia do Sul

Se eu não fosse artista, seria:
Estilista

Maior ídolo:
Michael Jackson

Uma frase:
"Mãe, tô com fome!"

Autógrafo

#Meu DIA a DIA!

Dormir bem e acordar cedo

Café da manhã de hotel

Cuidados com a pele e a maquiagem

Hora dos estudos

Aula de canto

Espiadinha nas redes sociais

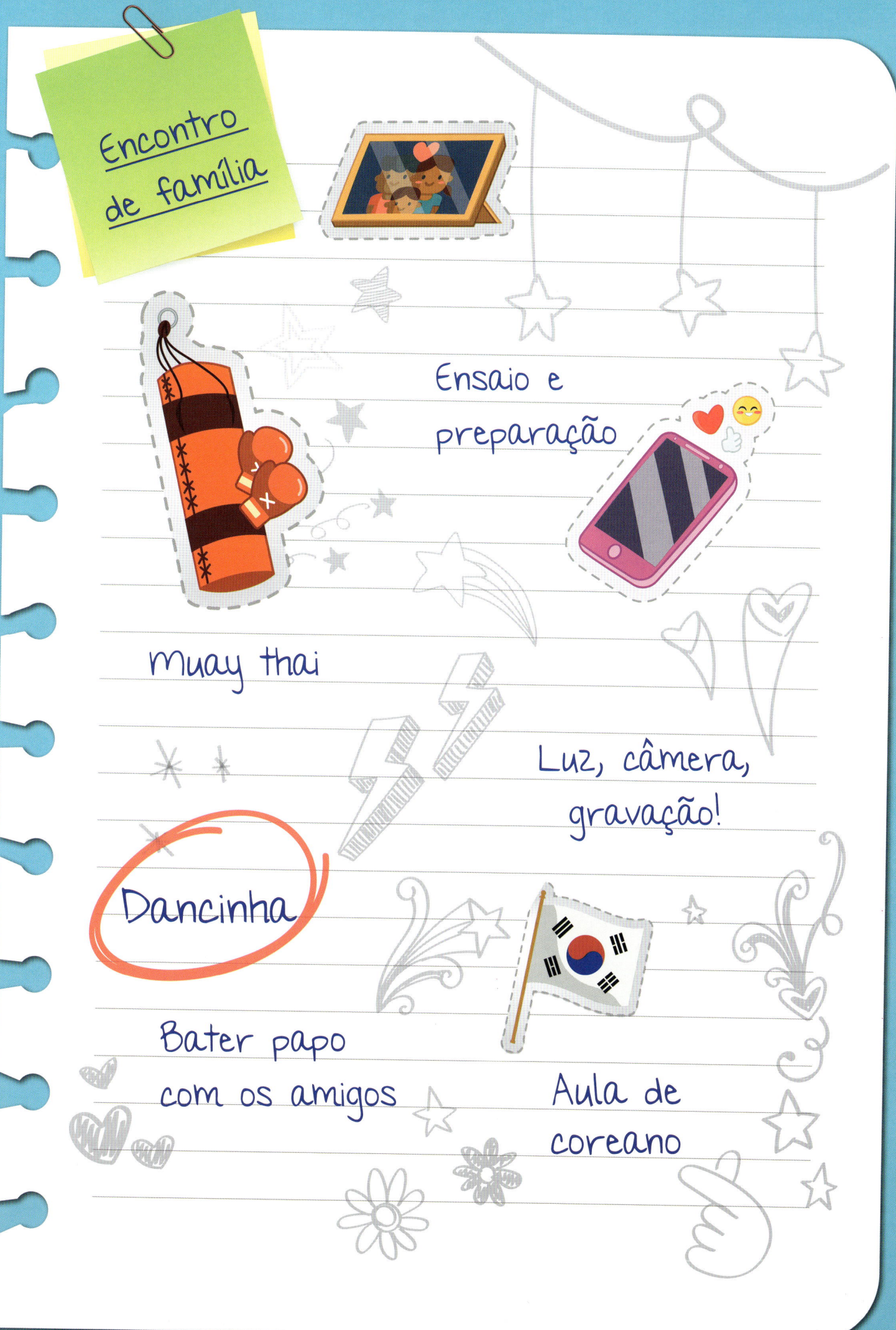

FAMÍLIA PIMENTA

Se tem uma coisa que se destaca na família Pimenta é a força das mulheres. Lideradas por Dona Elza, minha vó perfeita, nós somos supercompanheiras. Sempre estivemos unidas em cada etapa da minha carreira. Essa sintonia é fundamental para a realização dos meus sonhos. Temos muito samba, amor e axé!

"Ser Pimenta é ter atitude, ser guerreira e, acima de tudo, ser feliz!" Vó Elza

"Ser Pimenta é ser determinada." Fe

"Ser Pimenta é ser forte e poder contar sempre umas com as outras." Duda

PLAYLIST
FAMÍLIA PIMENTA

Álbum de família ♡

Minha mãe com 7 anos fazendo propaganda.

Festa samba, aniversário de 13 anos.

Festa hip-hop, aniversário de 12 anos.

Final do ano em família.

Dia dos Pais com o vô Tó.

Reunião de família com a bisa.

Três gerações e muito amor!

Um domingo qualquer.

Quem é a Duda Pimenta pra você?
Hoje?! (risos) Ela é tranquila, carinhosa, parceira, chorona nas horas vagas, a menina do quarto bagunçado que está sempre com fome. Acima de tudo, minha melhor amiga.

Como é ser mãe da Duda?
É ser psicóloga, empresária, professora de matemática... A Duda é artista da porta pra fora. Em casa, sou mãe nas horas que preciso e amiga sempre. Temos uma relação muito sincera, aberta ao diálogo. Isso é muito importante.

O que mudou na sua vida depois de ser mãe?
Tudo! Eu me colocava sempre em primeiro lugar. Agora, estou em segundo. Ser mãe muda nossas prioridades. Temos que aprender todos os dias a lidar com o crescimento e a evolução dos nossos filhos.

Fale sobre a Duda filha e a Duda artista.
A Duda artista é focada, determinada, tem responsabilidades de adulto e encara isso com muita leveza. Em casa, ela é a adolescente que gosta de brincar na rua. Não lava um prato! O quarto, então... cancela! Mas temos os nossos acordos e a gente se entende.

Como você vê a Duda daqui a 10 anos?
Eu vejo a Duda ainda mais empoderada! Ela é talentosa e faz os trabalhos com alegria e prazer. Tenho certeza de que vai conquistar todos os seus objetivos. #tapetevermelho

Que conselho você daria para mães de crianças que querem ser artistas?
Acreditem nos sonhos dos seus filhos, mas não deixem que os estudos fiquem em segundo plano. Para dar suporte a eles, procurem profissionais e lugares confiáveis. Acima de tudo, estejam sempre próximas, prontas para incentivar ou dar um abraço de apoio.

12 segredos
QUE ELA NUNCA VAI CONTAR

🔓 A Duda tem medo de todos os insetos que voam.

🔓 Só dorme com uma luminária acesa, pois tem medo de escuro.

🔓 Adora um filme de terror.

🔓 Fica muito brava quando está com fome.

🔓 Sempre usa os meus tênis.

🔓 Passa maquiagem até pra levar o lixo.

🔓 Não recusa uma baladinha com os amigos e a família.

🔓 Ama viajar com a família.

🔓 Odeia perder no STOP. Ela é muito competitiva!

🔓 Não dorme sem um "double T". Perguntem pra ela!

🔓 Chucha o pão no leite com chocolate.

🔓 Ai de quem brigar com o Ícaro, o primo dela! Só a Duda pode!

EU ♥ TV

Eu tinha 4 anos quando comecei numa agência como modelo infantil. Dois anos depois, fiz meu primeiro teste na TV. Não me esqueço desse dia: eu estava muito nervosa. Acreditam que eu não passei?!

A gente gravava nos zoológicos de Itatiba e São Paulo. Foram três temporadas incríveis com pessoas que vou levar pra sempre na minha vida.

Nem deu tempo de ficar triste e já me chamaram para um projeto lindo. Adivinhem! Eu seria a Lila do "O zoo da Zu"!

> Como não queria deixá-la ansiosa e para que a surpresa fosse ainda maior, eu escondi que a Duda tinha sido aprovada até a primeira reunião de elenco.

Nem acreditei quando me convidaram para o teste da Kessya da novela "As aventuras de Poliana". Era meu aniversário! Eu tinha que dançar e acabei errando a coreografia. Respirei fundo, recomecei e o teste virou cena da novela. Vocês assistiram?

Foram meses de dedicação, mas valeu a pena. A Kessya mudou minha vida! Estar na TV aberta me proporcionou entrar em contato com pessoas do Brasil inteiro e até mesmo de outros países.

> Não posso dar *spoiler*, mas acompanhem! Vem muita novidade por aí! Tem novela, filme, série, clipe... Tô trabalhando bastante. Vocês vão adorar!!!

SER ATRIZ É?

Muita gente acha que ser atriz é só glamour, né?! Nem sempre! São horas de produção, dias de preparação, meses de gravação... Tem que acordar cedo, decorar texto, perder fim de semana. É puxado, sim, mas eu amo! Dar vida a uma personagem é incrível. E tem a equipe! A gente se transforma numa família. Mas a melhor parte mesmo é receber o carinho das pessoas que acompanham meu trabalho. Adoro tirar selfies com meus fãs e interagir com vocês nas redes sociais.

DUDA RESPONDE

Como você faz para decorar os textos das cenas?

Eu gosto de ler a cena sozinha no meu quarto. Leio até decorar, mas não é difícil pra mim. Depois, sempre bato o texto com alguém (que costuma ser minha mãe, rs).

Qual é o papel dos seus sonhos?

Gente, eu quero interpretar uma vilã! Daquelas muito malvadas!

Com quem você gostaria de contracenar?

Sou muito fã da Thaís Araújo e da Zendaya. Já quero um filme nosso, hein?!

Você toparia fazer um filme de terror?

Até faria, mas depois quero ver pra conseguir dormir... kkkk...

Se você pudesse atuar na biografia de alguém, de quem seria?

Nossa! Tem várias! Adoraria interpretar uma mulher preta, forte e empoderada que fez ou faz a diferença no mundo. Todas merecem nossa homenagem!

EU ♡ música

O clipe SEU CABELO foi minha estreia na música. Eu queria contar pra todo mundo o quanto adoro meu cabelo. Eu me amo do jeitinho que eu sou. Todos deveriam se amar também! Foi assim que nasceu a letra da música. Convidei alguns colegas e foi superdivertido gravar o vídeo. A repercussão foi inacreditável. Já são mais de 22 milhões de visualizações. Saber que eu inspirei tanta gente não tem preço.

Logo depois, gravamos um remix do SEU CABELO. Foi demais! Convidei bastante gente famosa, legal e que eu admiro pra participar. E todos toparam! Eu também sorteei 50 fãs pra almoçar comigo e gravar o clipe. Esse dia foi inesquecível!

Para escutar todas as minhas músicas, é só acessar aqui!

A experiência de ter lançado uma música foi incrível. Eu fiquei fascinada por conseguir me expressar com letra, melodia e ritmo. Eu queria mais! Então pensei que seria bacana lançar um funk e uma romântica, né?!

Qual estrela da música VOCÊ SERIA?

Faça o teste e se prepare para descobrir qual estrela da música você seria. No final, prometo que conto o meu resultado. Será uma revelação bombástica!

01. O que não pode faltar na sua música?
a. Várias mudanças de ritmo.
b. Um beat pra lá de envolvente.
c. Aquele refrão chiclete.
d. Uma letra falando do seu último relacionamento.

02. O que um figurino perfeito precisa ter?
a. O que existe de mais fashion no momento.
b. Shorts jeans, é claro!
c. Muito brilho e algum acessório que seja a sua marca registrada.
d. Conforto em primeiro lugar, mas sempre com estilo.

03. Na hora do show você arrasa com...
a. Muitos efeitos tecnológicos.
b. Aquela coreografia que todo mundo sabe.
c. Muitos dançarinos e uma chuva de hits.
d. Todo mundo cantando aquele refrão cheio de emoção.

04. Falando em show, como seria sua turnê dos sonhos?
a. Nos Estados Unidos, é claro!
b. Com um megashow na cidade em que você nasceu.
c. Turnê mundial, com o máximo de países possível.
d. Pelas capitais do Brasil.

05. Qual recorde você gostaria de quebrar?
a. Maior estreia da história do Youtube.
b. Ser o primeiro clipe com mais de um bilhão de views no seu país.
c. Turnê mais lucrativa de todas.
d. Artista mais tocada em todas as rádios.

06. Com qual outro artista você adoraria ter uma parceria?
a. Com uma diva pop.
b. Alguém com quem todos achassem que você tivesse brigado.
c. Com quem está fazendo sucesso no momento.
d. Com algum veterano que tenha inspirado você.

PLAYLIST
DIVAS INSPIRADORAS

07. Por fim, qual seria sua grande polêmica do momento?
a. Rumores de que vai adiar o lançamento do álbum.
b. Fotos que vazaram.
c. Fofocas de que você se separou.
d. Ser vista com o ex outra vez.

E aí?! Me conta! Qual foi a alternativa mais marcada?

K-IDOL
Alternativa (A)

Roupas coloridas, coreografia e muita dedicação são o segredo do sucesso. Que tal um grupo com as amigas?

RAINHA DO FUNK
Alternativa (B)

Pra você, música é resistência, e intensidade é a palavra-chave. Sua música traz realidade e desejo de mudança.

DIVA POP
Alternativa (C)

Você já entra no palco arrasando! Visual impecável e brilho por todo lado.

MUSA SERTANEJA
Alternativa (D)

Você é uma romântica, amiga! Seu toque mágico é carregar a música com muito sentimento.

Meu teste foi uma loucura, kkkk! Teve pergunta que eu queria marcar todas as alternativas. Acho que acabo sendo uma mistura. Música pra mim é tudo de bom! Mas vocês sabem do meu amor pelo k-pop, né?! Nesse momento, acho que estou um pouco funkeira também. Será que dá pra misturar rainha do funk com diva pop?! Vou tentar no meu próximo clipe. Aguardem!

EU ♥ REDES SOCIAIS

Comecei nas redes sociais com 7 anos. Quem me acompanha sabe que eu adoro postar tudo o que eu faço. Hoje já são milhões de seguidores. Uau! Se alguém me dissesse que teria tanta gente interagindo comigo, eu não acreditaria. Mas isso também quer dizer que tenho enorme responsabilidade sobre o conteúdo que compartilho. Acredito que devemos fazer da internet um lugar saudável de diversão, discussão e empoderamento. Quer ver? É só me seguir!

- Instagram: @dudapimenta
- Facebook: dudapimenta.ofc
- TikTok: @duda..pimenta
- YouTube: dudapimenta

👍 Poder interagir com meus fãs e acompanhar meus amigos e ídolos de pertinho.

👎 Todo hater merece nota 0. Criticar é uma coisa, mas discursos de ódio e preconceito não têm vez!

#megaTBT!

Uma viagem que eu adorei.

Aquele ensaio superdivertido.

Comemorando meio milhão.

Casa nova, foto na garagem.

Foto supercurtida.

Festa temática com a mãe.

Conquistando o primeiro milhão.

Arrasando num look de trabalho.

👍 Duda Indica

nianaguerrero
A Niana arrasa nas coreos.

M0nte3_
Top dicas de beleza e maquiagem.

michelbrit0
Morro de rir com ele.

sitemundonegro
Para estar antenada e empoderada.

thepowerduda
Sigo todos os meus fã-clubes.

duckiethot
Uma referência de beleza.

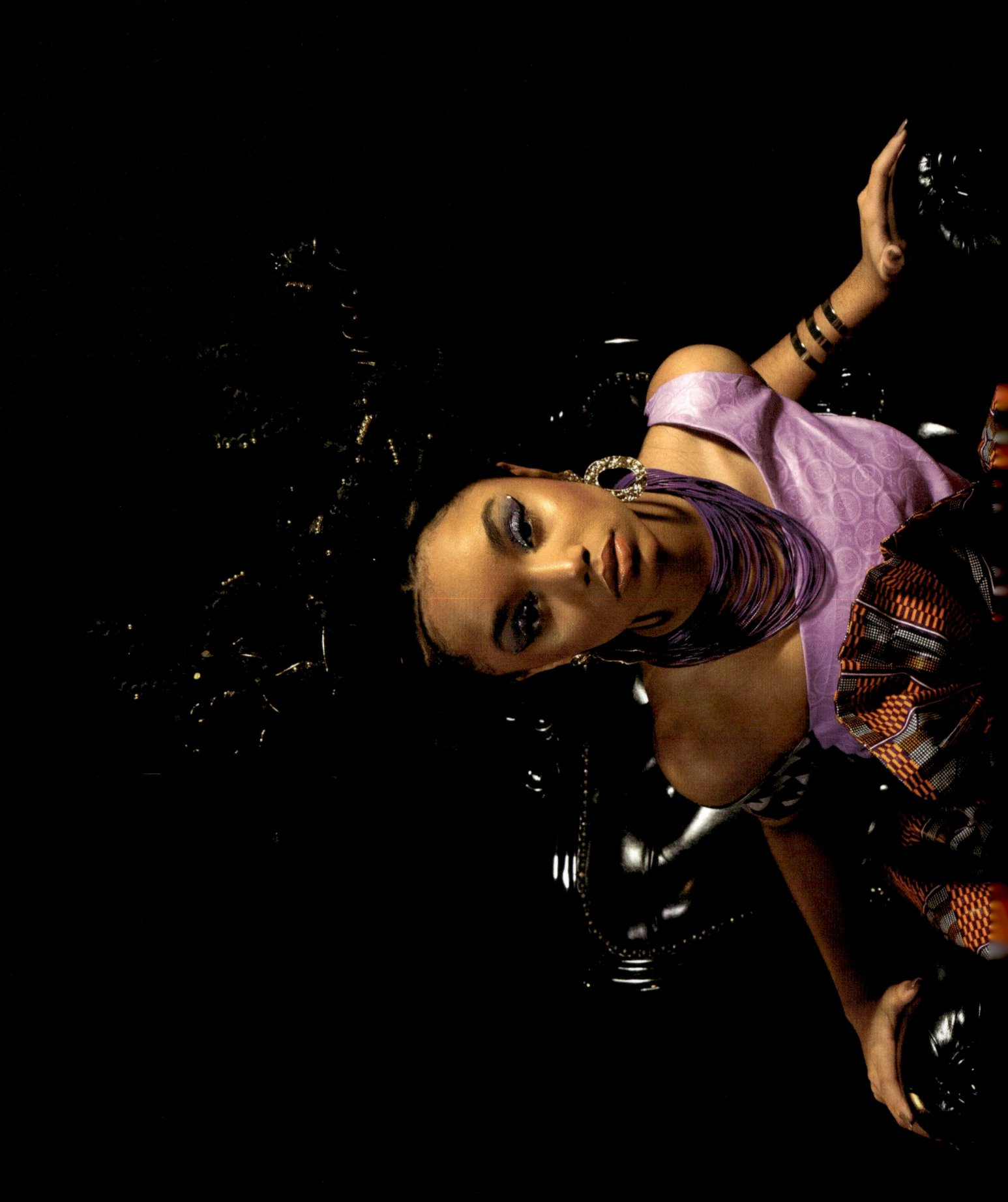

K-DUDA

Não é novidade que eu amo tudo sobre a Coreia do Sul. É um país encantador, com uma cultura apaixonante, que está conquistando fãs no mundo inteiro. Eu sempre digo que o meu sonho é viajar pra lá. Já pensou ver os shows dos meus artistas favoritos no país deles? Seria indescritível! Pra quem ainda não conhece, separei meu doramas e meus grupos preferidos do K-POP.

MASCULINOS — TOP 5
- BTS
- Stray Kids
- Monsta X
- Exo
- NCT

FEMININOS — TOP 5
- Blackpink
- Twice
- Itzy
- Mamamoo
- Red Velvet

DORAMAS — TOP 5
- Vincenzo
- Romance is a Bonus Book
- Love Alarm
- Apesar de tudo, amor
- Oh My Ghost

PLAYLIST FÃ DE K-POP

ADOLESCÊNCIA, E AGORA?

A adolescência é um período bem intenso, né? É uma fase de descobertas, de amadurecimento e de muitas mudanças físicas e emocionais. Eu vivo tudo isso. Às vezes experimento num mesmo dia um monte de sentimentos diferentes: tristeza, euforia, insegurança, alegria... Isso também acontece com você? Apesar das dúvidas típicas da idade, uma coisa eu aprendi: a adolescência não é nenhum bicho de sete cabeças e devemos aproveitar ao máximo as experiências dessa fase para nos tornarmos pessoas cada vez melhores.

GUIA DE SOBREVIVÊNCIA

1. Está passando por algo difícil? Compartilhe! Converse com alguém!

2. Filtro! Não se compare com o que você vê nas redes sociais. Lá tudo é bonito.

3. Menina menstrua, sim! Isso é mais que natural!

4. Tudo tem seu tempo. Não precisa correr pra se apaixonar, pra deixar de ser BV...

5. Tenha empatia. Todo mundo merece respeito e atenção.

6. Diversão é tudo, mas tenha prioridades. Tem prova amanhã? Deixe a balada pra depois!

7. Não tem certo ou errado na hora de amar. Todo tipo de amor é válido!

8. Saiba dizer NÃO ao que não parece legal pra você.

Você sabia que, se precisar conversar sobre seus sentimentos e problemas, existem lugares especializados em ajudar adolescentes gratuitamente?

https://www.childhood.org.br - 0800 0 123 123
https://brasil.ureport.in/join/ - (61) 9687-1768
https://www.cvv.org.br - 188
https://www.podefalar.org.br/ - (61) 9660-8843

Lancei no meu Insta algumas perguntas sobre crush pra bater um papo com meus seguidores. Foram várias contribuições. Selecionei algumas pra responder. Lembrando que isso é o que eu faria, mas cada um é cada um.

Gosto de um menino, mas ele fica com geral. O que eu faço?

No meu caso, eu fiz uma música (risos). Mas assim, amiga, se ele fica com geral, a gente tem que tentar mudar o foco, procurar outras pessoas.

Tô gostando da minha melhor amiga. Devo contar?

Eu contaria! Vai que ela também gosta de você! Já notou algum sinal?

Minha crush começa com Duda e termina com Pimenta. O que fazer?

Pergunta pra minha mãe! ;D

Como faço para reconquistar meu ex-namorado?

Vale a pena? Pense nos motivos que fizeram vocês terminarem… E tem mais: será que ele quer ser reconquistado? Se você ainda quiser voltar depois de refletir bastante, não existe uma fórmula mágica para isso. Afinal, os dois têm que estar de acordo. O importante é não forçar a barra e não deixar de ser você mesma.

Quero terminar meu namoro, mas não sei como. O que você faria?

Amigo, tem que ter sinceridade. Não é justo vocês ficarem numa relação que não tem futuro, por mais difícil que seja terminar.

Tô gostando de um menino, me declarei e ele saiu espalhando pra todo mundo. O que eu faço?

Ai! Se eu fosse você, cancelaria esse menino. Expor alguém nunca é legal. Com certeza isso não foi uma demonstração de respeito.

Eu e minha amiga gostamos do mesmo menino. O que fazer?

Primeiro, vocês deveriam conversar. É muito triste terminar uma amizade por causa disso. E outra, depende de quem ele gosta. Se não for de nenhuma das duas, ainda pode rolar um apoio.

Meu namorado quase não me dá atenção. Será que ele gosta de outra?

Você já conversou com ele? Ele pode estar passando por algum período difícil. Se sentir que não é isso, é melhor repensar e ficar atenta a outros sinais. Amor próprio é tudo. Você pode estar caindo no conto do "boy lixo", amiga.

SERÁ QUE SEU PRÍNCIPE É UM "BOY LIXO"?

01. Na frente dos amigos dele...
a. É sempre tudo legal, os amigos dele já viraram seus amigos.
b. Você fica um pouco tímida, mas ele faz de tudo pra deixá-la à vontade.
c. Ele muda bastante e você fica meio avulsa.
d. Você ainda não conhece os amigos dele.

02. Quando ele está a fim de fazer algo que você não quer...
a. Ele superentende e deixa pra outra hora.
b. Vocês conversam sobre e entram num acordo, pois o importante é dialogar.
c. Ele reclama e diz que você não faz nada por ele.
d. Ele insiste até você topar.

03. Chegou o dia da festa de aniversário da sua melhor amiga...
a. Ele está tão empolgado quanto você e não vê a hora de curtir ao seu lado.
b. Você pede ajuda com o look e ele ajuda a decidir o que vestir numa boa.
c. Ele comenta sobre sua roupa ou até mesmo faz você trocar de look.
d. De última hora ele diz que não vai mais poder ir com você.

04. Quando vocês não estão juntos...
a. É super de boa, afinal cada um tem suas coisas pra fazer.
b. Ele surpreende com uma mensagem fofa em algum momento do dia.
c. Ele some. Fica sem dar sinal de vida durante um bom tempo.
d. Ele pergunta a todo momento o que você está fazendo, às vezes até pede foto na hora.

05. Quando se trata de redes sociais...
a. É tranquilo, cada um usa da maneira que gosta e sempre comentam nas postagens um do outro.
b. Sempre postam fotos dos seus momentos especiais juntos.
c. Ele só posta foto dele mesmo e conversa com outras pessoas de um jeito que deixa você bem desconfortável.
d. Ele tem as suas senhas e acompanha de perto o que você faz nas redes.

06. Ele é muito ciumento?
a. Bem pouco, vocês têm uma relação de muita confiança um no outro.
b. Só em situações específicas, mas sempre conversam sobre.
c. No começo não era tanto, mas depois começou a implicar com seus amigos e parentes.
d. Bastante ciumento e sempre diz que tem medo de perder você.

RESULTADOS

Marcou mais a e b
Parece que você encontrou uma pessoa incrível, realmente interessada em você e em viver um relacionamento da melhor forma possível. Até quando algo não está bom, vocês sempre conversam para resolver e melhorar. Se joga!

Marcou mais c e d
Ixi, alguns sinais já indicam que esse relacionamento pode ser uma cilada. Fique muito atenta e comece a reparar no comportamento dele. Caso isso deixe você mal, mexa com sua autoestima ou tire sua liberdade, é melhor repensar essa relação. Todo mundo merece ter um namoro saudável!

PRIMEIRO beijo

Qual a idade certa pra dar o primeiro beijo? Essa é uma dúvida que atormenta muita gente. Pra mim, não existe um manual cheio de regrinhas sobre isso. O importante é se sentir confortável e escolher uma pessoa especial. Pensando nisso, eu pedi que alguns amigos contassem como foi o primeiro beijo deles. Como são muito fofos, eles aceitaram!

Paulo Gomiz

Duda Pimenta

> Meu primeiro beijo foi ótimo! Foi no cinema, olha que romântico! Era um menino da escola, nós fomos assistir a um filme de terror. Eu gostava dele e ele gostava de mim, e a gente acabou ficando. Vou levar essa lembrança com muito carinho!

> No meu primeiro beijo eu estava muito inseguro, justamente por nunca ter beijado antes. Eu achava que seria um bicho de sete cabeças, mas me enganei. Na verdade, foi supertranquilo e depois disso outros beijos vieram.

Bia Ianutti

Laura Castro

> O que rolou comigo foi a experiência mais clássica hahaha! Sabe aquela brincadeira de verdade ou desafio? Então... Eu tinha acabado de fazer 13 anos e me desafiaram a dar um selinho em um amigo. Na hora a minha barriga começou a embrulhar hahaha. Mas foi supertranquilo!

> Eu tinha 15 anos quando dei o primeiro beijo, no dia 12 de outubro (lembro bem porque é o Dia das Crianças... hahaha). Eu estava em cartaz como a Biba no musical "Castelo Rá-Tim-Bum" e o menino foi me assistir com uns amigos em comum. Depois, todos saímos para comer uma pizza, e ele me beijou. Eu não sabia muito bem o que estava fazendo, mas tive sorte, porque, pasmem, foi bom! A gente enche a cabeça de coisas e fica com medo de como vai ser, mas descobri que é muito mais simples do que imaginava.

Playlist romântica

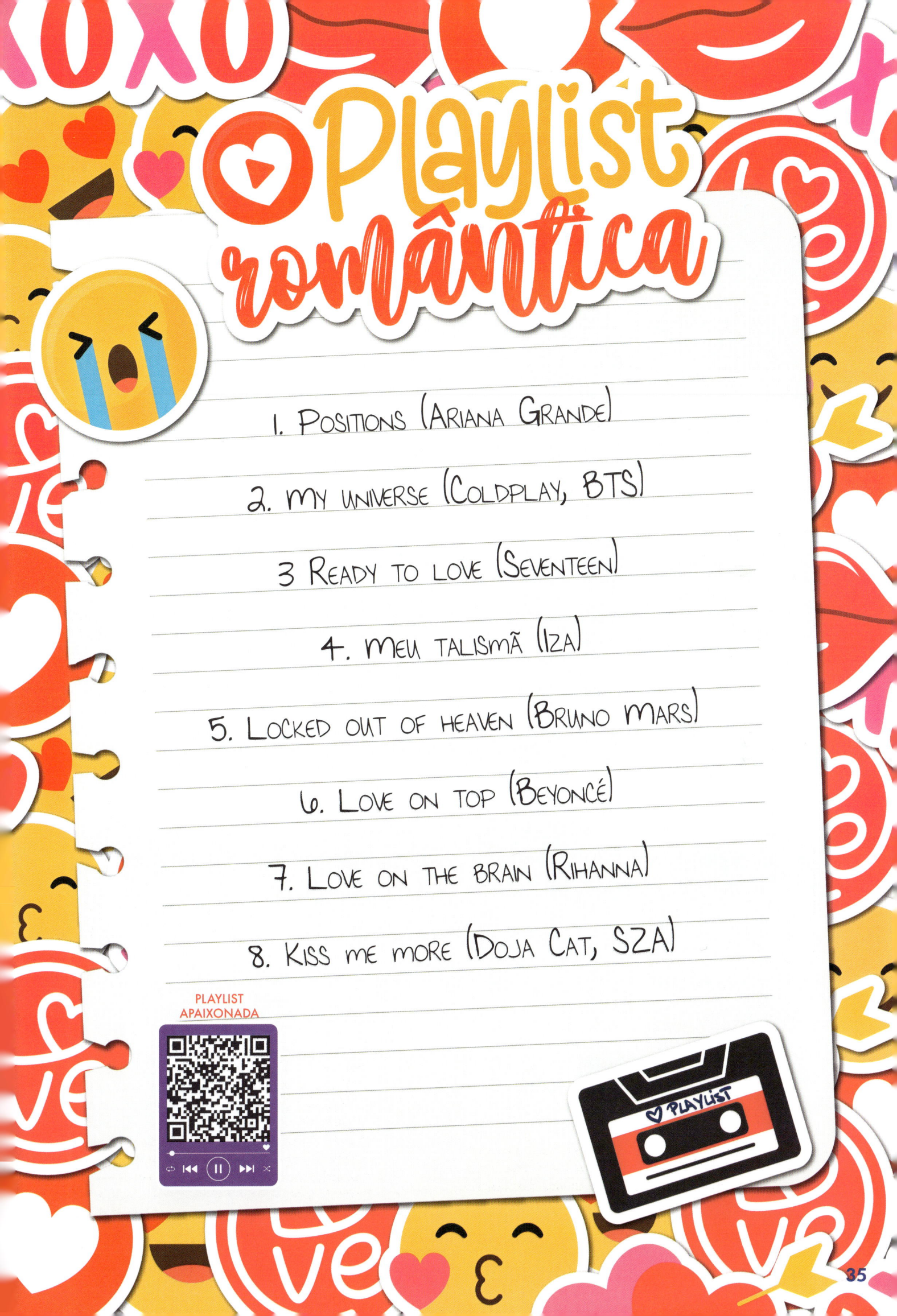

1. Positions (Ariana Grande)
2. My universe (Coldplay, BTS)
3. Ready to love (Seventeen)
4. Meu talismã (Iza)
5. Locked out of heaven (Bruno Mars)
6. Love on top (Beyoncé)
7. Love on the brain (Rihanna)
8. Kiss me more (Doja Cat, SZA)

PLAYLIST APAIXONADA

MEU Estilo

make
Tem que ter make! Seja ela basiquinha ou mais elaborada.

penteado
Meu cabelo, minha coroa! Não importa o look, ele sempre vai arrasar.

body
Além de confortável, valoriza a silhueta. Cai bem com tudo!

blazer
Eu tenho amado blazer. Ele compõe bem o look e o resultado fica bafônico.

shorts
Jeans é jeans! Nunca sai de moda.

saltinho
Amo tênis, mas o saltinho me deixa mais alta e poderosa.

Outros itens indispensáveis no meu guarda-roupa:

- ✓ shorts biker
- ✓ jaqueta jeans
- ✓ calça street
- ✓ top
- ✓ vestido preto
- ✓ chinelinho
- ✓ pijama
- ✓ meia estilosa
- ✓ tênis

8 OCASIÕES 8 LOOKS

DANCINHA

SHOPPING

MALHAÇÃO

PASSEIO NO PARQUE

8 OCASIÕES 8 LOOKS

FESTINHA

ALMOÇO DE FAMÍLIA

ENCONTRO

SHOW

39

Não, não tenha medo DE BRINCAR COM SEU CABELO!

COMO LAVAR CABELOS crespos E cacheados

Dica de beleza por Léia Abadia, Salão Preta Brasileira

Quando se trata de dicas para cuidados com os cabelos crespos e cacheados, eu gosto de falar sobre o processo de lavar os cabelos.

- **Pré-xampu:** é superimportante utilizar produtos de proteção no seu fio. Antes de aplicar o xampu, é preciso hidratar o fio devido à perda de oleosidade que ocorre durante a lavagem. Os produtos específicos para esse processo podem ser encontrados em perfumarias e lojas de cosméticos. No entanto, você pode fazer seu pré-xampu com as coisas que tem em casa. Por exemplo: uma misturinha do seu óleo preferido com um pouco de condicionador funciona muito bem.

- **Xampu:** para cabelos crespos e cacheados, recomendo xampu hidratante e linha Low Poo, por serem produtos menos agressivos. E agora a parte mais importante: o xampu deve ser aplicado diretamente no couro cabeludo por meio de movimentos circulares e suaves, estimulando o crescimento dos fios.

- **Condicionador:** como você está chegando no final do seu processo de limpeza capilar, seu cabelo estará com acúmulo de água. Para que o condicionador tenha todos seus ativos aproveitados corretamente, a dica é tirar o excesso de água da área antes de aplicar o condicionador nos fios.

SAIBA QUAL É O SEU TIPO DE CABELO

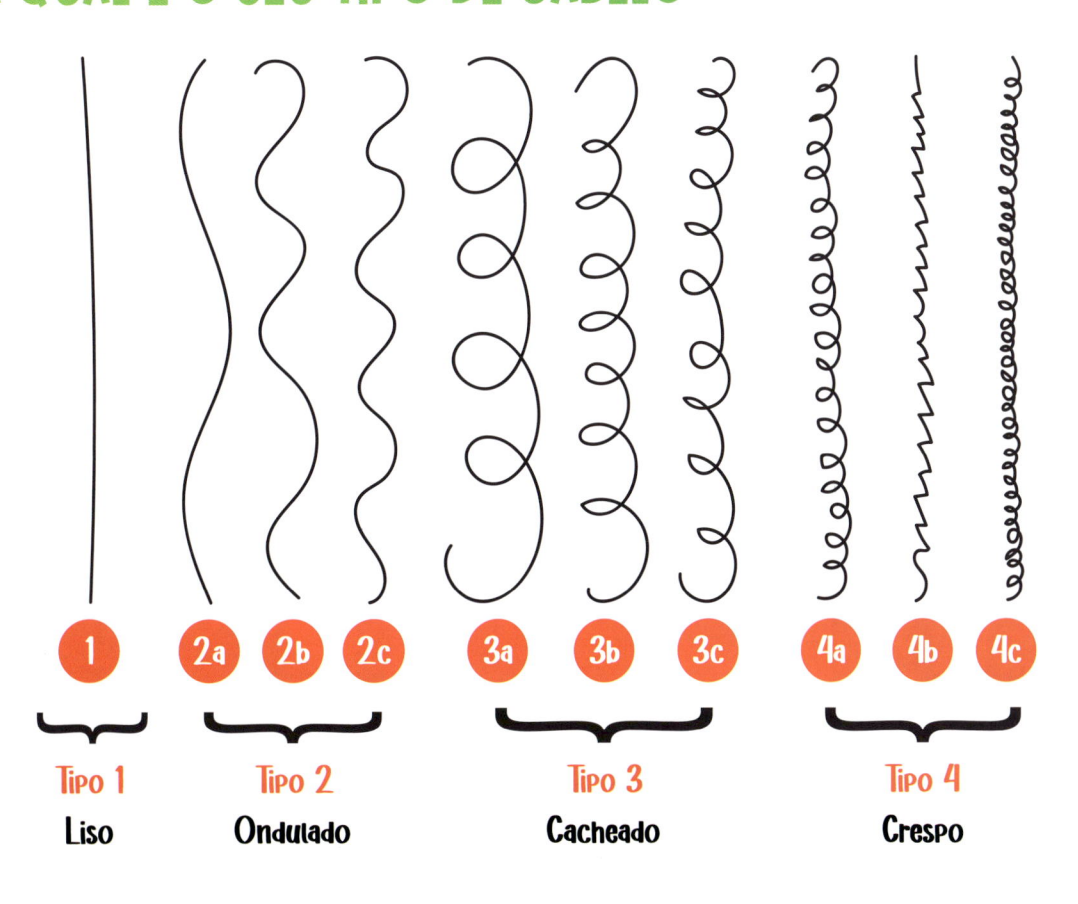

1	2a	2b	2c	3a	3b	3c	4a	4b	4c
Tipo 1	Tipo 2			Tipo 3			Tipo 4		
Liso	Ondulado			Cacheado			Crespo		

Não, não tenha medo DE BRINCAR COM SEU CABELO!

PASSO A PASSO

1. Com o cabelo lavado e seco, desembaraço os fios.
2. Com a ajuda de pomada modeladora, divido o cabelo em quatro partes: duas menores na frente para as tranças e duas maiores para os afro puffs.
3. Amarro as duas partes maiores e passo pomada modeladora.
4. Faço tranças nas duas partes menores.
5. Enfeito as duas partes menores com fios para tranças.
6. Enfeito os afro puffs com anéis para tranças. Pronto!

Quer ter um cabelo Colorido?

A ordem do momento são as cores. Confira como usar e abusar delas sem danificar seus cachos.

DICA 1: As lojas de cosméticos estão sempre oferecendo inúmeras opções de produtos para colorir os cabelos, mas o ideal é procurar um profissional e pedir um teste de mechas. Assim, você terá a oportunidade de avaliar o nível de agressão que o processo pode causar no seu cabelo e tomar a decisão mais adequada e segura para a saúde dos fios.

DICA 2: Caso seu cabelo não passe no teste de mechas, não fique triste. Mergulhe no universo das *Perucas Front Lace*! Esse segmento oferece muitas opções de cores, texturas e comprimento.

DICA 3: Quer colorir? Vá de tranças! Essa opção, sem dúvida alguma, é a melhor de todas. Você pode escolher desenho, cor, comprimento e estilizar as tranças conforme seu desejo!

Maquiagem

PASSO A PASSO

1. Com a pele limpa e hidratada, eu escolho a base ideal para minha pele e espalho uniformemente por todo o rosto com a ajuda de um pincel "língua de gato". (Dica 1: Você pode testar a cor da base no maxilar. / Dica 2: Dê batidinhas com o pincel para cobrir toda a pele.)

2. Com base ou corretivo num tom mais escuro e outro mais claro, faço o contorno.

3. Para uma pele bem glow, uso um blush mais avermelhado. Nas têmporas, no nariz e na boca, uso um iluminador dourado. Finalizo com uma bruma fixadora para que esse efeito molhado e brilhante dure bastante.

4. Nos olhos, uso máscara de cílios incolor para pentear as sobrancelhas. Depois, aplico uma sombra laranja com movimentos de vai e vem.

5. Passo delineador na parte de cima, do meio do olho para o canto externo, puxando o gatinho. No canto interno, faço um traço pegando a parte inferior e superior do olho. E pra finalizar, passo máscara de cílios preta.

6. Para a boca num estilo ombré lips glossy, uso um batom marrom no canto e um batom nude no meio. Finalizo misturando tudo com um gloss.

ITENS BÁSICOS

base
corretivo
gloss
batom
blush
máscara
iluminador
pó
delineador
sombra

GIRL POWER

#tmj Empoderadas

Ser empoderada é...?
Duda: É ter atitude, é ser dona da própria vida, mas sempre com muito respeito.
Soffia: É conhecer a sua história e a de seus ancestrais.

Soffia, quem é a Duda pra você?
Uma amiga muito legal, divertida, inteligente e linda!

Duda, quem é a Soffia pra você?
Uma amiga linda, talentosa e acima de tudo uma referência.

O que é beleza pra vocês?
Duda: Acho que a verdadeira beleza é interior. Quando uma pessoa é linda por dentro, isso acaba irradiando pra fora. Uma boa pessoa é sempre encantadora.
Soffia: A beleza tem que estar dentro das pessoas, mas de um jeito livre, sem seguir padrões.

Quem são suas maiores inspirações como artistas?
Duda: Nossa, são muitas (risos). Mas vou escolher quatro: Michael Jackson, Will Smith, Beyoncé e a Soffia, é claro.
Soffia: Bom, eu mesma (risos), minha amiga Beyoncé, Willow Smith, Nicki Minaj e a Duda, com certeza!

Como é a vida de uma artista na escola? Vocês já sofreram bullying?
Duda: Os compromissos e as viagens atrapalham, mas temos que manter o foco nos estudos. Eu já sofri bullying e é horrível. Também tenho colegas que já sofreram. Isso pode virar um trauma para a vida inteira. É inaceitável!
Soffia: É muito corrida, temos muitos compromissos, mas é preciso estudar. Na verdade, eu já sofri racismo, como a maioria das pessoas pretas do Brasil, infelizmente.

Como vocês reagem ao racismo?
Duda: Racismo é uma atitude horrorosa, como toda forma de preconceito. E é um crime! Devemos denunciar sempre!
Soffia: Existe lei para nos proteger, então devemos denunciar, sim!

E no relacionamento? Quando o crush é um "boy lixo", o que vocês fazem?
Duda: A gente tem que se valorizar. Tem coisa que não vale a pena.
Soffia: Eu meto marcha (risos).

Vocês duas começaram a trabalhar muito cedo. Como foi essa experiência?
Duda: O apoio da família é fundamental pra mim. Eles sempre estiveram ao meu lado me dando todo o suporte. Isso fez com que eu me sentisse super à vontade. Eu sempre me diverti nos meus trabalhos.
Soffia: Bom, pra mim aconteceu naturalmente. Eu brincava antes dos shows e depois sempre tive tempo pra minha família e meus amigos. Agora já está ficando diferente, mais sério, mas estou preparada.

E uma parceria entre as duas, será que rola um dia?
Duda: Por mim, é claro que rola! A Soffia é incrível, seria uma honra!
Soffia: Temos muitas coisas em comum, uma parceria teria tudo pra dar certo. Eu iria curtir muito!

Quem Nunca?

JÁ REPETIU NA ESCOLA? **EU NUNCA!**

JÁ FINGIU QUE ESTAVA SEM SINAL PRA DESLIGAR A LIGAÇÃO? **HÃ??**

JÁ SOFREU BULLYING? **EU JÁ!**

JÁ BEIJOU SEU MELHOR AMIGO? **QUÊ?**

JÁ FOI DORMIR COM A SUA MÃE DEPOIS DE UM FILME DE TERROR? **EU JÁ!**

JÁ TEVE ALGUM CRUSH FAMOSO? **CRI-CRI-CRI...**

JÁ SE RECUSOU A TIRAR FOTO COM FÃ? **EU NUNCA!**

JÁ TENTOU CORTAR SEU PRÓPRIO CABELO? **EU JÁ!**

EDITORA MOSTARDA
www.editoramostarda.com.br
Instagram: @editoramostarda

Direção:	Fabiana Therense
	Pedro Mezette
Organização e licenciamento:	Fernanda Pimenta
	Lucas Medina
Edição:	Andressa Maltese
Produção:	A&A Studio de Criação
Direção de arte:	Leonardo Malavazzi
Design e ilustração:	Henrique S. Pereira
	Kako Rodrigues
Bancos de imagens:	shutterstock.com
	freepik.com
Fotografia:	Felipe Garcia
	Man Produções
	Criativy Estúdio
	Eduardo Carneiro
	Sérgio Cyrillo
Cabelo e maquiagem:	Isabelle Freitas
	Preta Brasileira
	Ivlng Tranças
Revisão:	Marcelo Montoza
	Nilce Bechara

"Não é necessário ver toda a escada. Apenas dê o primeiro passo." (Martin Luther King)

E assim foi. Você subiu o primeiro degrau e alcançou o topo. Foi uma luta árdua e uma vitória reconhecida. Representar o sonho de meninas e meninos é muito gratificante! Parabéns, minha guerreira e vencedora! Tenho muito orgulho de ser a sua avó! Obrigada por não ter desistido!!! Te amooo!!!

Vó Elza